QVELQVES REMARQVES

SVR LA REMONSTRANCE DE MESSIEVRS DE LA COVR DES MONNOYES.

Par Antoine Vitré.

TROISIESME EDITION.

A PARIS.

M. DC. LVIII.

AVEC PERMISSION.

QVELQVES·REMARQVES
sur la Remonstrance de Meßieurs de la Cour des Monnoyes.

MONSIEVR,

Ie me suis enfin resolu de vous donner ce peu de Remarques qui ont esté faites sur quelques points de la Remonstrance de Meßieurs de la Cour des Monnoyes, parce qu'vn homme d'honneur m'a asseuré que Monsieur le Premier President de cette Cour des Monnoyes l'auoit fait imprimer pour la seconde fois. Vous n'auez pas esté le seul qui s'est estonné de ce qu'vne Compagnie qui tient vn rang si considerable dans Paris, ait conceu vne si mauuaise opinion de la suffisance des Bourgeois de cette ville : Que son Premier President ait dit dans le Conseil du Roy, en presence d'vn grand Homme & des plus éclairez du Royaume, & qui y tenoit la place de sa Majesté, non seulement *qu'on ne trouueroit pas dans les Assemblées qu'on en faisoit faire, les connoissances qu'on y cherchoit sur le fait des Monnoyes;* mais qu'il ait adjousté *qu'il est deffendu par les Ordonnances de les consulter là-dessus.* Remon-
strance.
Pag. 21.

Vostre estonnement a bien deu se redoubler encore, quand vous auez veu qu'ils ont dit en mesme temps, *que Meßieurs du Parlement non seulement n'auoient pas eux-mesmes ces connoissances, mais que n'estant pas versez en ces matieres-là ils ne pouuoient separer* pag. 21. &
22.

A ij

les bons aduis d'auec ceux qui n'en ont que l'apparence.
Vous sçauez bien pourtant qu'il y en a plusieurs de
cette Compagnie si auguste, qui en ont fait de fort
beaux & fort amples traittez , & que Messieurs les
Gens du Roy, à qui le public a tant d'obligation pour
les grandes & importantes actions qu'ils ont faites
au Parlement & dans le Conseil de sa Majesté, ont
encore si souuent parlé de la matiere des Monnoyes ,
que Messieurs de la Cour des Monnoyes ont sujet de
croire qu'ils n'ignorent rien de ce qui s'en peut sça-
uoir. Outre que Messieurs Seruin & le Bret leurs pre-
decesseurs, ont particulierement inseré tant de beaux
plaidoyers qu'ils ont faits sur cette matiere-là , dans
les ouurages qu'ils ont donnez au public. Et certainement quand Messieurs du Parlement ont ordonné que Monsieur le Procureur General feroit
assembler des Bourgeois pour auoir leur aduis, ils ont
monstré qu'ils sçauent bien les Ordonnances ; Qu'ils
n'ignorent pas ce qu'on a coustume de faire en de
semblables occasions ; Qu'ils font plus d'estat des
Bourgeois que ne font Messieurs de la Cour des
Monnoyes , & qu'ils n'ignorent pas non plus que ce
n'est pas d'aujourd'huy qu'on a pris leur aduis , & sur
le fait des Monnoyes, & sur d'autres affaires plus importantes.

Si Messieurs de la Cour des Monnoyes veulent
r'appeller leur memoire, & se representer ce qu'ils
ont leu tant de fois, ils reconnoistront qu'il s'en faut
beaucoup que leur Magistrature ne soit aussi ancienne que le pouuoir de la Bourgeoisie, les Officiers des

Monnoyes n'ayant commencé d'eſtre eſtablis, qu'a-
lors qu'on a veu la malice des hommes s'accroiſtre,
& qu'on s'eſt apperceu qu'ils s'accouſtumoient à roi-
gner les eſpeces, à les difformer, à les falſifier, à en al-
terer ou renfoncer le tiltre & le poids, ou qu'ils affoi-
bliſſoient les matieres dont elles eſtoient fabriquées.
Car nous voyons bien qu'il y a long-temps qu'on ſe
ſert de monnoye, puis qu'Abraham acheta quarante
ſicles vn lieu pour faire ſa ſepulture; que Iacob ſon fils
acheta vn champ le prix de cent agneaux, qui, comme pluſieurs ont eſtimé, eſtoient des pieces d'argent
marquées d'vn agneau. Nous ne voyons pas pourtant
ny qu'alors ny que bien long-temps depuis, on ſe ſoit
aduiſé de créer des Officiers des Monnoyes : quoy
qu'il y ait apparence qu'il y euſt des faux-monnoyeurs dés le temps d'Abraham, puiſque ce Patriar-
che ayant acheté la ſpelonque d'Ephron pour ſa ſepulture, & pour ſa famille, il en paya le prix qui eſtoit
de quarante ſicles, mais de bonne monnoye, approu-
uée, & qui auoit cours dans le public. D'où on peut
inferer aſſeurément qu'il falloit qu'il y en euſt desja
de fauſſe, & qu'on refuſoit dans le commerce. En vn
mot, on a fait des Officiers des Monnoyes, quand il
s'eſt trouué des faux-monnoyeurs, des laueurs, des
roigneurs, des difformateurs d'eſpeces, & de ceux qui
ſe meſlent de les refondre, de les recharger, de les re-
border, ou de les fourrer, toutes perſonnes principa-
lement ſur lequel s'eſtend le pouuoir de Meſſieurs
de la Cour des Monnoyes.

Que ſi on a augmenté le nombre de ceux qui

compofent leur Compagnie, ç'a efté dans ce temps mal-heureux, où vn tas de je ne fçay quelles fang-fuës du peuple fe diftilloient la ceruelle à forger de nouueaux Edits, tantoft pour l'eftabliffement de nouueaux droits, tantoft pour des creations ou pour des augmentations d'Officiers, le tout fous pretexte de la guerre. Nous ne parlerions pas de cela icy de peur de r'ouurir tant de vieux vlceres, qui ne font pas encore trop bien cicatricez, fi l'Edit qui a donné le pouuoir qu'ont à prefent Meffieurs de la Cour des Monnoyes, ne portoit en termes exprés, que c'eft vne creation & vne augmentation d'Officiers : & fi la verification qui en a efté faite au Parlement, n'auoit efté à la charge que les deniers prouenans de l'achat de leurs Offices feroient employez au payement des gens de guerre, à peine du quadruple contre les Ordonnateurs & parties prenantes.

Nous ne laiffons pas pour cela d'auoir tousjours vn grand refpect pour eux, puis qu'ils font eftablis par le Roy, & que ce font des perfonnes de grand merite : mais il faut auffi que ces Meffieurs demeurent d'accord, que les peuples font en poffeffion de tout temps d'auoir eu part aux plus importantes affaires des plus grands Eftats, & des plus puiffantes Republiques du monde. Nous n'entendons pas icy parler de ce peuple du bas eftage, qu'on appelle *vulgaire inutile*, comme celuy qu'on voit s'attrouper dans les carrefours, fur les ponts & dans les lieux publics de la Ville pour exciter des feditions, & que les gens de bien regardent comme des perturbateurs du repos public. Nous voulons parler de ceux que nos Rois appellent encore aujourd'huy *leurs bons Bourgeois*: de ceux qui ne font pas vne des moindres parties de la Republique, & qui ont esté si chers à leur patrie, que les Empereurs mesmes couronnoient de leurs propres mains, sur les murailles des villes, ceux qui auoient sauué la vie à quelqu'vn d'entr'eux : De ces Bourgeois qu'on assembloit souuent pour dire leurs sentiments, & pour donner leurs suffrages sur le gouuernement des Estats. De ceux qui ont si souuent fait des loix dans les Assemblées, & qui connoissoient tousjours des affaires de la paix & de la guerre : De ces Bourgeois, dis-je, qui dans ces mesmes Assemblées ont tres-souuent par vne pleine & absoluë liberté de suffrages éleu les Rois, les Princes, les suprêmes Magistrats, & les chefs de ces mesmes Magistrats. Et c'est aussi des assemblées de ces anciens Citoyens qu'on appelloit *Senieurs*, que sont venus les noms de *Senateurs* & de *Senat*.

Enfin nous parlons de ces Bourgeois qui donnoient autrefois l'Empire, le Consulat, & les Legions : de ceux pour captiuer la bien-vueillance desquels Auguste affecta la charge de Tribun du peuple, pour paruenir à la Monarchie qu'il auoit resolu d'establir. En vn mot, ce sont de ces gens que les Princes ont tousjours tasché de mettre de leur costé. Mais sans aller chercher des exemples de ceux qui ont eu des sentiments d'honneur pour la Bourgeoisie dans des temps si éloignés du nostre, il ne faut que voir en quelle consideration les eut le Parlement, lors que sous

Charles IX. il fut queſtion de parler de la Pragmati-
que Sanction & des Concordats. Cét equitable Parlement fit voir qu'il n'eſtimoit pas ſi peu cette partie
de la Bourgeoiſie, qu'on veut rendre aujourd'huy ſi
ignorante, ſi meſpriſable & ſi intereſſée, qu'il ne la
jugeaſt capable d'entrer comme elle auoit fait de
tout temps dans le Conclaue, & de donner ſes ſuf-
frages auec les Grands du Royaume aux élections
des Archeueſques, des Eueſques, des Abbez, & des
autres Eccleſiaſtiques qui deuoient gouuerner les
Egliſes de France.

Car ce Roy ayant conuoqué les Eſtats generaux
en la ville d'Orleans l'an 1560. & les trois Ordres du
Royaume y ayant demandé auec inſtance, qu'aue-
nant vacation par mort, reſignation ou autrement,
des Archeueſchez ou Eueſchez, il y fuſt procedé par
élection de perſonnes âgées de trente ans, de bonne
vie & mœurs en la maniere ſuiuante, ſçauoir des Archeueſques par les Eueſques de la Prouince, & le
Chapitre de l'Egliſe Archiepiſcopale vacante; aux
Eueſques par l'Archeueſque & le Chapitre de l'Egliſe Epiſcopale vacante, eux y appellant douze *des*
Principaux Bourgeois deſdites villes, qui ſeroient éleus
en l'Hoſtel d'icelles par le Maire, Eſcheuins, & Conſeillers deſdites villes, &c.

En ſuite de ces concluſions, le Parlement jugea
que ces mots de *Principaux Bourgeois* pourroient
eſtre interpretez en faueur des Officiers ſeulement.
C'eſt pourquoy il fit des Remonſtrances au Roy ſur
quelques articles, entr'autres ſur le premier, pour
faire

faire adjouſter les Abbayes, & pour interpreter ces mots de *Principaux Bourgeois.* Voicy les propres termes de cette Remonſtrance : *Seront faites Remonſtrances pour la forme de l'élection des Archeueſques & Eueſques, & y comprendre les Abbayes. Et iuſques à ce qu'autrement ait eſté ordonné de la forme deſdites élections, declare la Cour, que ſous le nom de Bourgeois ſont compris bons citoyens, habitans des villes, ſoient Officiers du Roy, marchands, gens viuans de leurs rentes, & autres : & que les Nobles venant au Conclaue pour élire, lairront leurs armes.*

Ces Meſſieurs qui en vſent comme ils font aujourd'huy, ſçauent auſſi-bien les Ordonnances pour le moins, que les ſçauoient alors ceux qui du temps de Charles IX. eſtoient aſſis ſur le meſme Tribunal, où ils rendent tous les jours la Iuſtice ſous le regne de Louïs XIV. & ils n'ignorent pas que ces ſortes d'élections ne ſoient conformes aux anciens Decrets de l'Egliſe, qui veulent que ceux qu'on élit aux Prelatures ayent les vœux & le conſentement des Peuples. Ils ſçauent tres-bien auſſi que Saint Eſtienne fut éleu par cette voye-là au Diaconat, auec ſix autres de ſes compagnons, & que les Apoſtres ne leur impoſerent les mains qu'apres cette élection. Ils n'ignorent pas non plus que la dignité de la Bourgeoiſie n'a pas eſté ſi peu eſtimée dans la capitale ville d'vn puiſſant Eſtat, que les Rois & les Potentats voiſins, neutres, amis, ou confederez des Romains, n'ayent receu comme vne grande faueur d'en poſſeder les honneurs & les prerogatiues.

B

Nous parlons tousjours icy de la Compagnie de Meſſieurs de la Cour des Monnoyes en general, & non pas en particulier de Monſieur leur Preſident, qui a porté la parole pour eux, parce qu'il eſt à croire que les poinĉts de ſa Harangue ont eſté concertez dans ſa Compagnie, comme il ſe prattique en ſemblables occaſions dans toutes celles qui ſont reiglées, ſur tout quand il s'agit de faire des Remonſtrances aux Rois.

Apres auoir fait voir que les Bourgeois ont eſté conſultez de tout temps, quand on a voulu reſoudre des choſes auſſi importantes à la Republique que le peuuent eſtre les monnoyes, à quoy on peut adjoûter que Charles V I. les aſſembla quand il voulut faire les Ordonnances ſur le fait & juriſdiĉtion de la Preuoſté des Marchands & Eſcheuinage de la ville de Paris en 1415. Voicy les termes du preambule de ſon Edit. *Appellé auec eux pluſieurs nobles perſonnes, Bourgeois, Marchands, & autres, de pluſieurs & diuers eſtats, en grand nombre*; il faut monſtrer comme ils ont preſque tousjours eſté aſſemblez, quand nos Rois ont voulu faire quelque reglement ſur les monnoyes.

Henry II. en 1549. à Villiers-Coſterets attendant l'aduis de pluſieurs notables Bourgeois, qu'il auoit ordonné eſtre aſſemblez pour luy en eſtre fait rapport, fit d'expreſſes deffenſes d'expoſer, &c. Le meſme Roy fit encore faire de ces aſſemblées en 1557. Henry IV. en 1602. Et Louïs XIII. en 1614. fit eſcrire à toutes les grandes villes de ſon Royau-

me, pour deliberer ſur les deſordres des monnoyes
deuant que de rien ordonner ſur cette matiere-là.
Auparauant cela il auoit eſté enjoint par vn Edit
aux Conſuls de la ville de Figeac, *de pouruoir par
eux ou par autres leurs Commis* (ce ſont les termes de
l'Edit) *ſi l'argent qui ſera monnoyé en ladite ville eſt
bon & affiné, & où il ne ſera tel, il ſera affiné par eux
ou par leurs Commis à ce deputez, & apres d'iceux mar-
qué du ſceau du Conſulat*, c'eſt à dire du ſceau de
la ville.

Philippes III. en 1273. ordonna aux Officiers qui
auoient la charge de faire executer l'Edit qu'il auoit
fait ſur les monnoyes, de prendre deux Bourgeois
pour teſmoins comme ils faiſoient leur deuoir.
Voicy les termes de la Preface de ſon Edit : *Toutes
voyes à ces choſes faire, & quand l'on le fera à ſçauoir &
dire au peuple, & aux ſerments prendre de cette Ordonnance garder, & aux amandes leuer, quand beſoin ſera
appelle auec toy* deux ou trois preud'hommes de ta
Baillie *que tu verras conuenables à ce, qu'ils oyent & faſſent ces choſes & qui te puiſſent porter teſmoin, que tu les
ayes faites ſi diligemment comme nous te le mandons &
commandons*, &c.

Il y a eu des Princes eſtrangers qui en ont fait autant en beaucoup de lieux, mais nous ſerions impor-
tuns ſi nous rapportions tant d'exemples d'vne choſe ſi claire & ſi connuë, nous nous contenterons de
celle-cy.

Le Roy Iacques qui fit la conqueſte du Royaume d'Arragon, ordonna de meſme par exprés, que

ſes Reales ne ſeroient fabriquées qu'en la ſeule ville
de Valence, & que les Officiers qu'il auoit prepoſez
pour ſes monnoyes ſeroient controllez par *deux notables Bourgeois*, de peur qu'il n'y fuſt fait fraude, ny
en la matiere ny au poids.

Ayant monſtré qu'on a preſque tousjours aſſem-
blé des Bourgeois comme le Parlement l'a fait, &
qu'on a meſme obligé les Iuges qui eſtoient prepoſez pour connoiſtre des monnoyes, d'en prendre
pour teſmoins qu'ils s'acquittoient de leur charge : cette auguſte Compagnie doit eſtre remerciée
d'en auoir vſé comme elle a fait. Que s'il y a de la
faute ſur le choix des perſonnes, elle ne pourroit
tomber que ſur Monſieur le Procureur General, qui
a nommé d'office ceux qui ont donné leur aduis.
Ils demeurent tous d'accord qu'il pouuoit bien en
choiſir de plus capables, mais non pas de moins in-
tereſſez, ny qui euſſent plus d'inclination qu'eux de
correſpondre à ſes intentions ſi pures & ſi droites
pour le bien public & pour le ſeruice du Roy, & qu'il
fait paroiſtre en toutes occaſions.

Nous infererons icy les deux Aduis qu'on a donnez au Parlement, afin que Meſſieurs de la Cour des
Monnoyes voyent qu'il ne falloit pas que ceux qui
les ont donnez, eſtant auſſi gens de bien qu'ils le
ſont, fuſſent trop grands Magiciens pour deuiner ce
qu'ils deuoient reſpondre : & afin auſſi que ces Meſſieurs diſent, s'il leur plaiſt, ce qu'on ne pouuoit adjouſter ou diminuer pour auoir leur approbation ;
parce que ceux qui les ont donnez ſçauent fort bien,

comme Messieurs de la Cour des Monnoyes l'ont dit dans leur Remonstrance , *qu'ils ne leur feront ny* pag. 13. *injure ny reproche en mettant en auant , qu'ils ne sçauent pas si bien qu'eux vne chose à quoy ils ne sont pas obligez de mettre toute leur application.* Ils verront aussi que pag. 13. *ces personnes priuées dont ils veulent parler , qui ne parlent que par des organes empruntées,* n'ont pas emprunté celles de ceux qui ont donné ces aduis. Voicy donc les deux choses surquoy il a plû au Parlement de les consulter.

La premiere , si on deuoit souffrir l'exposition des Reaux du Perou , sans faire prejudice à l'Estat , & particulierement au negoce : ou s'il les falloit décrier.

La seconde , si l'on deuoit souffrir que le peuple surhaussast tousjours les especes d'or & d'argent chacun selon sa fantaisie , & ce qu'on pouuoit faire en cette occasion pour remedier à ces desordres.

Aduis donné à Nosseigneurs du Parlement , sur le sujet des Reaux du Perou, marquez aux lettres P. ou P.B. P.A. P.T. P.Q.

NOvs René de la Haye , Charles Mercadé , Guillaume le Maistre , Robert Pouquelain, Antoine Vitré, Ioseph Porron , Iean Faueroles , Iean le Vasseur , Pierre Bidal , Antoine de Vaux , François le Fevre , Claude Meusnier , Germain Danin , Loüis de l'Isle , & François le Maistre , Bourgeois,

Marchands, Orfevres, Banquiers, Changeurs, Affineurs : Certifions à Nosseigneurs de la Cour, Que nous nous sommes assemblez chez le sieur de la Haye, ancien Escheuin, l'vn des nommez en vertu de l'Arrest du 7. Septembre dernier, suiuant l'ordre que nous en ont donné Messieurs les Commissaires, le second jour de ce mois, en l'Assemblée qui s'est faite en la Chambre de Saint Louïs.

Que nous auons diligemment examiné, & agité tres-long-temps toutes les choses qui peuuent accommoder le public, & celles aussi qui luy peuuent porter prejudice dans le fait des Monnoyes. Que nous auons tous reconnu que si on ne trauailloit promptement à en reigler le cours, la ruïne entiere du commerce estoit inéuitable ; outre que les estrangers auroient bien-tost ce qui nous reste de bon or & de bon argent, au lieu dequoy nous n'aurons plus que leur billon, qui est en vn mot auoir nos biens reels en eschange de choses imaginaires.

Nous ne disons rien icy des fascheux inconuenients que ce desordre tire infailliblement apres soy, au grand prejudice de l'Estat, puisque nous parlons à de grands personnages qui les penetrent mieux incomparablement que nous ne le sçaurions faire. Nous prendrons seulement la liberté de leur remonstrer, pour satisfaire à leurs ordres : Que dans l'examen que nous auons fait de tant de differentes fabriques de Reaux du Perou, nous auons jugé qu'il estoit impossible d'establir vn pied certain pour leur donner cours dans le peuple, à cause de la difference de leur tiltre. Que la reſſemblance du coin de ceux qui ſont defectueux, outre cela, eſt ſi approchante de celuy des bons, qu'il eſt bien difficile de les diſtinguer, à moins que d'en auoir fait vne eſtude tres-particuliere. Ce qui eſt ſi veritable que le Roy d'Eſpagne declare luy-meſme dans l'Edit qu'il fit publier dés le mois d'Octobre de l'année derniere, que c'eſt cette conformité de coin qui l'a obligé de les décrier dans tous ſes Eſtats, où ils n'ont plus de cours, non plus que dans tout le reſte de l'Italie, ny en Hollande, la France eſtant maintenant le ſeul endroit de l'Europe, où les billonneurs les puiſſent debiter; ce qui ne peut luy eſtre que tres-honteux.

Enfin ayant encore remarqué qu'entre les Reaux defectueux, il y en a de ſi alterez de la bonté qu'ils doiuent auoir, qu'il n'y a preſque pas la moitié de fin, nous auons tous penſé que puis qu'il eſt vray que l'argent qui n'a pas dix deniers de fin n'eſt plus de l'argent, mais ſeulement du billon, celuy des Reaux defectueux qui n'en a pas plus de ſix ou ſept, ne pouuoit eſtre expoſé pour argent dans le peuple, ſans le tromper & le ruïner entierement, & tout l'Eſtat en ſuitte, à cauſe des conſequences que ces expoſitions de mauuais alloy tirent neceſſairement apres eux.

Ce qui a eſté ſi bien remarqué par beaucoup de Princes, qu'il y en a eu pluſieurs qui ont ordonné des peines de mort contre ceux qui meſlangeoient l'or ou l'argent. D'autres qui ont paſſé juſques à vouloir que ceux qui ſe donnoient la liberté de mix-

tionner ces riches metaux , fuſſent punis du feu
comme criminels de leze-Majeſté. Et Iacques VI.
Roy de la grand'Bretagne auoit le billonnement
en telle horreur, que dans ſon Liure intitulé le Preſent Royal, il exhorte Charles dernier mort ſon fils,
d'auoir ſoin que ſa monnoye fuſt de bon or & de
bon argent, afin que ſon peuple fuſt payé en ſub-
ſtance, & non pas abuſé par vn nombre de mauuai-
ſes eſpeces.

En France meſmes le billonnement eſt vn crime
de peculat des plus atroces, parce qu'outre que c'eſt
vn larcin public, c'eſt encore vn infame trafic qui ſe
fait des monnoyes qui portent le caractere de Prin-
ce. Cela eſt ſi vray que François II. par ſon Edit de
1559. art. 1. ordonne que les Treſoriers, les Rece-
ueurs, les Comptables, leurs Clercs ou Commis qui
ſeroient conuaincus d'auoir billonné, fuſſent punis
du dernier ſupplice, ſans eſperance de grace ny d'aucune moderation. C'eſt encore ces empirances &
cet affoibliſſement de l'or & de l'argent, qui ont em-
peſché qu'on n'ait eu vne parfaitte connoiſſance des
veritables poids de la monnoye des Anciens. Car
ne faiſant eſtat alors que de ce qu'il y auoit de fin
dans leurs matieres, les poids en eſtoient inégaux ſelon la bonté qui eſtoit dans les maſſes , lingots ou
barres qu'ils employoient. D'où vient qu'encore
que le talent d'or deuſt peſer ſix mille drachmes, ou
ſoixante mines, eu égard au fin que deuoit auoir la
matiere, il n'eſtoit aucunesfois eualué qu'à cinquante, quarante, & quelquesfois meſme à trente, ſelon

le plus ou le moins de matiere eſtrange qu'on y auoit
meſlangé qu'ils ne mettoient point en compte, qui
eſt le procedé le plus doux dont on ſe ſoit ſeruy dans
l'Antiquité, lors qu'on auoit apperceu qu'on meſ-
langeoit l'or & l'argent. Le Roy d'Eſpagne dans les
Eſtats duquel ces meſchantes pieces ont eſté fabriquées, apres auoir luy-meſme dit dans l'Ordonnance dont nous auons desja parlé, que ces Reaux du
Perou ſont ſi defectueux, qu'il ne s'y trouuera pas la
moitié d'argent, & auoir exageré le tort que cela fait
à ſa reputation, & le dommage qu'en reçoiuent ſes
Sujets, il adjouſte encore contre la verité, que ç'ont
eſté les François & les Portugais qui les ont fait paſ-
ſer dans ſes Eſtats, afin de nous charger de la haine
que les gens de bien ont conceuë contre cette infi-
delité. Ces choſes conſiderées, nous auons tous
eſté d'aduis, Que nous pouuions raiſonnablement
ſupplier Noſdits Seigneurs, de vouloir faire décrier
tous les Reaux du Perou, de quelque fabrique qu'ils
ſoient, & par leur prudence ordonner, qu'il ſera fait
vn tariffe du prix de chacune le plus juſtement qu'il
ſera poſſible, mettant le marc de ceux de l'ancienne
fabrique du Perou ſelon leur juſte valeur, & les defectueux de meſme, ſelon qu'il ſera connu qu'ils auront ou plus ou moins de fin. Pour à quoy paruenir,
on nommera s'il leur plaiſt, deux Bourgeois intelli-
gents qui aſſiſteront aux eſſais, & aux fontes qui ſe
feront, pour empeſcher les abus qui s'y peuuent
commettre. Il ſera auſſi ordonné, que les Maiſtres
des Monnoyes, ou autres qui ſeront employez pour

C

conuertir leſdites matieres, trauailleront inceſſam-
ment ſur leſdites eſpeces qui leur feront portées par
le peuple, & qu'ils n'employeront les lingots, & les
barres ou maſſes d'argent qu'ils peuuent auoir,
qu'apres qu'ils auront conuerty leſdites eſpeces en
d'autres monnoyes aux coins du Roy. Qu'attendu
le profit qui ſe fera aux Changes, ceux de la Monnoye, & les Changeurs feront tenus de trouuer des
fonds ſuffiſans pour payer le peuple à meſure qu'il
en portera. Nous auons auſſi eſtimé que les nego-
tians qui font de grands payements, doiuent eſtre
exhortez de ne porter pas ſi toſt à la Monnoye les
Reaux deffendus qu'ils auront dans leurs caiſſes;
mais d'attendre que le menu peuple qui n'a pas
abondance d'autre argent, ait eſté payé de ce qu'il
y aura porté. Quant aux autres Reaux de Mexico,
de Seuille & de Segouie qui n'ont point de grenetis,
attendu que les plus ſimples les peuuent connoiſtre
à la ſeule inſpection, ils auront tousjours leur cours
pour cinquante-huit ſols comme auparauant, voire
meſme ceux qui ſe trouueront legers juſques à huit
grains, s'il plaiſt ainſi à Noſdits Seigneurs, n'eſtant
pas raiſonnable de condamner à la fonte des eſpeces que le ſimple fray a diminué en ſeruant dans le
commerce. Ce remede de grains a eſté trouué ſi
juſte, que pluſieurs de nos Roys, & beaucoup d'autres Souuerains, en diuers temps en ont vſé comme d'vne choſe abſolument neceſſaire.

A Blois, Loüys XII. en Nouembre 1506. (qu'on
trouue auoir eſté la premiere fois qu'il a eſté en-

joint de peser les especes) ordonna deux, trois, &
jusques à quatre grains aux plus vieux Escus, & vn
grain seulement à ceux qui auoient esté plus nou-
uellement fabriquez. Henry II. le 23. Ianuier 1549.
ordonna deux grains de remede aux Escus sol. En
Angleterre Edoüard I. donna jusques à seize grains
aux vieux Nobles Henrys, vn grain seulement aux
nouueaux, & aux Nobles à la Rose il ordonna deux
grains. Henry III. en 1586. en Septembre ordonna six grains aux Francs, & quatre grains aux Quarts,
quoy que les Francs n'eussent esté fabriquez qu'en
1575. & les Quarts en 1578. Elizabeth Reyne d'Angleterre en fit autant en ses Royaumes, & Charles
dernier mort renouuella cette Ordonnance en 1632.
Henry IV. en 1602. au mois de Septembre donna
vn grain de remede aux Escus, six grains pour les
Francs, & quatre grains pour les Quarts. Les Ar-
chiducs en 1611. au mois de Mars, & l'an 1612. en
Avril en vserent de mesme. Philippes IV. Roy
d'Espagne en fit autant par vn placart presque dans
le mesme temps. Loüys XIII. d'eternelle memoire, ordonna les six grains pour les Francs & pour les
Quarts. Apres les raisons cy-dessus, & tant d'e-
xemples, nous auons pensé que Nosdits Seigneurs
du Parlement n'auroient pas desagreable cet Aduis
que nous donnons en nos consciences, selon que
nous y estions obligez par le serment que nous
auons presté pardeuant Messieurs leurs Commissaires.

Nous auons aussi esté persuadez qu'ils ne trouue-

roient pas mauuais que nous n'ayons baillé qu'vn
aduis , jugeant bien par les raisons qu'il contient,
qu'il estoit difficile qu'il y en eust parmy nous qui
peussent auoir des sentimens contraires. Que s'il
s'en est treuué quelqu'vn qui ait pensé qu'on ne
dûst pas refondre tous les Reaux du Perou, ce n'e-
stoit que par vne pure charité , & de peur que manque de fonds à la Monnoye ou aux Changes, les pauures gens n'eussent pas si promptement qu'ils en
auoient besoin la valeur de ceux qu'ils portoient.
C'est à quoy nous esperons que Nosdits Seigneurs
trauailleront, y estant assez sollicitez par le zele qu'ils
ont toûsjours eu pour le bien public, & qu'ils y employeront toute leur authorité comme pour vne
chose de la derniere consequence, & dont nous les
supplions tres-humblement en nostre particulier.
Deliberé par Nous susdits en la maison dudit sieur
de la Haye le Samedy septiesme Septembre 1651.

Signé , De la Haye , Mercadé , Semele, le Maistre,
R. Poquelin, Vitré, Porron, de Faueroles, le Vasseur,
Bidal, de Vaux, le Fevre, Meusnier, Danay, de l'Isle ,
le Maistre.

Cét aduis ayant esté porté dans la Chambre de
S. Louys par le sieur de la Haye ancien Escheuin &
ancien Consul , accompagné de tous ceux qui l'a-
uoient signé auec luy, le presenta à Messieurs Che-
ualier , de Brussel & Menardeau de Champré, Commissaires deputez du Parlement , qui en firent faire
la lecture par monsieur Ioly, Substitut de monsieur
le Procureur General. Ces Messieurs le receurent

auec beaucoup de bonté, & ordonnerent aux meſmes perſonnes de s'aſſembler encore vne fois pour
donner leur aduis ſur ce qu'ils penſoient qu'il fau-
droit faire, afin d'empeſcher cette hardieſſe ſi deſrai-
ſonnable que chacun prenoit de ſurhauſſer tous les
jours le prix des eſpeces d'or & d'argent qui eſtoient
dans le commerce, & leur donnerent le jour auquel
ils ſe r'aſſembleroient au meſme lieu, afin qu'ils y
rapportaſſent ce qu'ils auroient fait là-deſſus. Voicy
le ſecond Aduis qu'ils donnerent.

Second Aduis touchant le ſurhauſſement des Monnoyes d'or & d'argent.

NOvs René de la Haye, Charles Mercadé,
Guillaume le Maiſtre, negotiant, deputé de la
ville de Lyon, Robert Poquelin, Antoine Vitré,
Ioſeph Porron, Iean de Faueroles, Iean le Vaſſeur,
Pierre Bidal, Antoine de Vaux, François le Fevre,
Claude Meuſnier, Germain Danin, Louys de l'Iſle
& François le Maiſtre, Bourgeois, Marchands, Or-
phévres, Banquiers, Changeurs, Affineurs, Certifions à Noſſeigneurs de la Cour, nous eſtre dere-
chef aſſemblez ſuiuant l'ordre qui nous en a eſté
donné par Meſſieurs les Commiſſaires, afin de con-
certer enſemble auec plus de loiſir & de liberté;
Si la licence que chacun ſe donne à preſent d'expoſer les Monnoyes d'or & d'argent pour tel prix qu'il
luy plaiſt, doit eſtre tolerée plus long-temps; Ou
s'il eſt plus aduantageux pour le bien du Royaume

en general , & pour tous les Sujets du Roy mesmes
en particulier, que les Ordonnances sur le fait des
Monnoyes soient obseruées , consideré la conjon-
cture du temps.

Apres auoir examiné les inconueniens qu'il peut
y auoir d'vne part & d'autre , autant que les differents negoces & autres emplois à quoy chacun de
nous est occupé , nous en a donné connoissance;
Nous sommes tous conuenus ; Qu'on ne sçauroit
dissimuler plus long-temps la liberté que chacun
prend d'enfraindre impunément tant de beaux Reglemens qui ont esté faits de temps en temps sur le
sujet des Monnoyes, sans faire cesser tout le commerce , qui est pourtant le seul Canal qui porte
l'Abondance & les Richesses dans tous les Estats
du monde, comme Amsterdam, dont nous auons
veu jetter les fondemens, nous est vn bel exemple :
Outre que c'est tousjours le premier coup & le plus
mortel qu'on porte à son ennemy en luy declarant
la guerre, que de deffendre le commerce auec ses
sujets.

Nous auons encore consideré cette autre raison
si conuainquante, Que puisque l'or & l'argent sont
asseurément le prix de toutes choses , si ces deux metaux n'en ont point d'asseuré , il ne peut y auoir
que de la confusion. Les Roys qui ont commandé
jusques icy à cette Monarchie ont bien reconnu
aussi de quelle importance il estoit d'empescher le
sur-haussement des Monnoyes qui cause de necef-
sité l'encherissement general de tout ce qui fait bé-

ſoin pour la vie, qu'ils ont fait de temps en temps, à meſure que la malice des hommes les y a obligez, de tres-expreſſes deffenſes d'en expoſer à plus haut prix que ceux qui eſtoient portez par toutes leurs Ordonnances. Il y en a meſmes eu quelques-vns d'entr'eux qui ont voulu que ceux qui auroient la hardieſſe de les enfraindre fuſſent punis du dernier ſupplice, comme Loüys XII. en 1506. François I. en 1532. en 1536. & 1540. Et Henry IV. en 1592. par vne Ordonnance qu'il fit meſme en temps de guerre, puiſque ce fut au Camp de Buis, ne laiſſa pas de deffendre à tous ſes ſujets d'expoſer ny de receuoir les Monnoyes à plus haut prix que celuy porté par l'Ordonnance, ſur peine de confiſcation de corps & de biens.

Ceux d'entre nos Roys, qui en ont vſé auec plus de moderation, ont tousjours pour le moins confiſqué les eſpeces, & condamné en de groſſes amandes, tant celuy qui les expoſoit, que celuy qui les receuoit, comme firent Henry II. en 1549. en 1550. en 1551. & en 1555. & Charles I X. en 1561. Enfin le ſurhauſſement des Monnoyes tire apres ſoy tant de maux, & la neceſſité qu'il y a qu'elles ſoient proportionnées à celles de nos voiſins eſt ſi abſolument neceſſaire, que les Traittez d'entre François I. & Charles V. qui furent renouuellez entre les Roys Henry II. & Philippes II. portent cette conuention expreſſe, que pour faciliter le commerce des ſujets des deux Couronnes, les eſpeces de France & celles du Pays-Bas ſeroient fabriquées ſur meſme pied.

Que pour y paruenir les Officiers des Monnoyes du Roy de France, & ceux du Roy d'Espagne aux Pays-Bas confereroient ensemble en quelque lieu dont il seroit conuenu par les deux Roys.

Ces raisons, & l'experience journaliere des pertes que le peuple souffre de ce desordre, sans qu'il y fasse pourtant aucune reflexion nous oblige de supplier tres-humblement Nosdits Seigneurs de la Cour, de faire reïterer les defenses à toutes personnes de quelque estat & condition qu'elles soient, d'exposer à l'aduenir les Monnoyes qui ont cours, tant celles d'or & d'argent à plus haut prix que celuy porté par les Ordonnances & Declarations du Roy, sur telles peines qu'il leur plaira.

Et parce qu'il est bien raisonnable que le Maistre donne l'exemple, Qu'il sera defendu aux Tresoriers de l'Espargne, & à tous ceux qui leuent les droicts du Roy de les bailler en payement à qui que ce soit à autre prix que celuy porté par l'Arrest de la Cour, qui doit interuenir.

Arresté à Paris en la maison dudit sieur de la Haye, ce 17. jour d'Octobre 1651. Signé, de la Haye, Mercadé, Semele, le Maistre, negotiant, deputé de la ville de Lyon, Pouquelin, Vitré, Porron, Faueroles, le Vasseur, Bidal, de Vaux, le Fevre, Meusnier, Danin, de l'Isle, le Maistre.

Ceux qui prendront la peine de lire ces deux Aduis auront sujet de s'estonner, comme il se treuue à present tant de personnes si desinteressées, que de preferer le bien public au leur particulier : Et cesse-

ront

ront de douter ſi ce qu'on a dit & ce qu'on a eſcrit contr'eux eſt veritable ou non. Et certainement Meſſieurs de la Cour des Monnoyes confeſſeront s'il leur plaiſt qu'ils ont precipité leur jugement, & qu'ils ont taxé beaucoup de gens d'honneur, ſur la creance qu'ils ont euë qu'y ayant parmy ceux qui ont donné leur Aduis des perſonnnes qui negotient d'argent, & qui en auoient lors de notables ſommes dans leurs caiſſes : comme des Orfevres qui pouuoient beaucoup profiter des deſordres du temps : des Changeurs & des Affineurs qui ne gaignent jamais tant qu'alors qu'on fait des refontes, ils auroient donné des Aduis, comme ils l'ont dit dans leur Remonſtrance, *ſelon que les intereſts qu'ils ont* pag. 21. *tous diſtincts & ſeparez les vns des autres, & neantmoins communs contre le bien du Royaume, les y pourroient auoir portez.* Mais il paroiſt clairement par les Aduis que vous venez de voir, que tous ceux qui les ont donnez ſont non ſeulement tout à fait desintereſſez, mais extrémement patients ; & que ſi Meſſieurs de la Cour des Monnoyes ſe fuſſent contentez de les auoir voulu noircir dans le Conſeil du Roy en aduançant, *Qu'ils auoient fauoriſé les propoſitions des refontes & des changemens aux Monnoyes, dans leſquelles ils* pag. 21. *trouuent augmentation d'employ, & la perte du public & à la ruïne du pauure peuple,* ils n'euſſent jamais conſenty qu'on euſt iuſtifié leur action, ny fait voir les Aduis qu'ils ont donnez à Meſſieurs du Parlement. Mais comme Meſſieurs de la Cour des Monnoyes ont fait imprimer cette Remonſtrance, & qu'elle ſe voit

D

maintenant par tout, cela pouuant faire impreſſion ſur les eſprits, ils ont crû en conſcience, & pour leur honneur, & pour celuy de leurs familles qui y ſont

pag. 21. 22. ſi fort intereſſées que *ce public & ce pauure peuple* qu'on a dit qu'ils auoient voulu *perdre & ruïner*, fuſt luy-meſme juge ſi cela eſt veritable ou non.

Mais, Monſieur, la peine que vous auez de com-

pag. 22. prendre qui ſont ces *Iuges inferieurs, à qui Meſſieurs de la Cour des Monnoyes diſent, que les peuples ne doi-uent pas les reſpeits*, ne nous ſurprend pas : Car en quel endroit du monde pourroit-il y auoir des Iuges à qui les reſpects ne ſoient pas deus par les peuples ? Et qui eſt-ce auſſi qui euſt pû croire qu'vne Com-

pag. 12. pagnie de cette qualité, compoſée de *cinquante chefs de famille & plus* euſſent jamais eſté capables d'a-uancer cette propoſition, apres auoir dit eux-meſ-

pag. 12. mes, *que ſi les peuples s'apperceuoient qu'on euſt ſi peu de reſpeit pour eux, ils auroient peur eux-meſmes qu'on les deſpoüillaſt lors qu'ils y penſent le moins, de ce qu'ils poſſedent auec plus d'affeition, & qui leur eſt le plus le-gitimement acquis.*

Nous ſommes aſſeurez que ceux qui verront ces Remarques, & qui n'auront pas leu la Remonſtran-ce, auront peine de croire que Meſſieurs de la Cour des Monnoyes ayent voulu parler de monſieur le Preuoſt de Paris, c'eſt à dire de tous Meſſieurs du Chaſtelet, De Meſſieurs de l'Hoſtel de Ville, c'eſt à dire de tout le Corps de la Ville de Paris, où quel-ques-vns de Meſſieurs de la Cour des Monnoyes ont à preſent des parents : Des Iuge & Conſuls, c'eſt à dire de tout ce qu'il y a d'honneſtes gens dans le Corps des Bourgeois & des bons marchands de Paris. Voicy les propres termes de leur Remonſtronce, afin que ceux qui les liront jugent eux-meſmes, ſi Meſſieurs de la Cour des Monnoyes ont entendu parler d'vne, de deux, ou de toutes ces trois juriſdictions.

Les Parlemens qui ſont en petit nombre, à comparaiſon pag. 22. *des Iuges inferieurs, n'ont pas fait le plus grand mal. Ces autres Iuges, à qui les peuples ne doiuent pas meſmes les reſpects, ont neantmoins voulu prendre la meſme autorité ſur cette Declaration du Roy incontinant apres ſa publication : En quelle abyſme de confuſion la France ne tomberoit-elle point s'ils continuoient ?*

Les Conſuls de cette ville, ſur les conteſtations meuës pag. 23. *deuant eux en conſequence de cette Declaration, ont dit aux parties qu'il falloit s'accommoder.*

Et les Officiers de l'Hoſtel de cette ville ſur pareille conteſtation ont dit au peuple, qu'il les falloit receuoir (entendant les pieces de cinquante-huit ſols) pourueu qu'elles fuſſent de poids. C'eſt alors, &c.

Ces Officiers des Conſuls & de l'Hoſtel de cette ville, n'ont pas ſeuls infirmé la loy. Ils n'ont pas icy ſeuls fomenté le deſordre, le Preuoſt de Paris y a eu bonne part, qui ne ſe contentant pas de rendre ſes ſentences verbales comme les autres, a donné ſes jugemens inſerez dans les Regiſtres de cette Iuſtice, qui ſeruiront de monument à la poſterité, du mauuais office qu'il a rendu à cet Eſtat, prononçant contre vne Declaration du Roy, dont l'execution auroit garanty la France des grandes pertes qu'elle a receuës, &c.

Vous ne deuez plus douter que ce ne soit de tous ces trois sortes de Iuges dont Messieurs de la Cour des Monnoyes ont voulu parler. Cela est si nettement escrit qu'il n'est pas besoin de commentaires. Tout ce qu'on peut conjecturer là-dessus, est comme les Iuges Consuls ont esté mis les premiers en rang dans leurs Remonstrances, que ç'ont esté peut-estre aussi ceux-là qui leur sont venus les premiers dans l'esprit, comme le premier objet de leur mespris : car autrement ils ne les auroient pas nommez auparauant les Iuges des deux autres jurisdictions, à qui ces Messieurs les Iuge & Consuls ne voudroient pas disputer le rang. Et puis, comme vous le dites, il y a peu de personnes qui eussent pû estre persuadez que Messieurs de la Cour des Monnoyes eussent voulu dire, que les Peuples ne doiuent pas le respect au Corps qui represente la plus belle, la plus riche & la plus grande ville du monde, ny au Preuost de la mesme ville non plus, estant tres-difficile qu'il n'y ait vn jour en toute l'année, où quelques-vns de Messieurs de leur Compagnie ne soit obligé de leur rendre quelque ciuilité, puis qu'ils sont Iuges de toute la Police de la ville, l'vn sur la terre, & l'autre dessus l'eau, qui sont les deux endroits communs à tout le Peuple, & où se distribuë tout ce qui est necessaire à la vie.

Et puis, dequoy est-ce que Messieurs de la Cour des Monnoyes accusent Messieurs de la Ville, qui les puisse auoir obligez de dire & d'auoir escrit, *que s'ils eussent continué ils eussent mis tout le Royaume en confuſion ?* On leur reproche qu'ils ont dit au peuple qui demandoit le payement de ſes rentes à l'Hoſtel de Ville, qu'il falloit qu'ils receuſſent les Reaux que leur bailloient les Payeurs, pourueu qu'ils leur en donnaſſent de poids, parce qu'on ne pouuoit auoir d'autre argent.

Ceux qui voyent les choſes comme elles doiuent eſtre veuës, ſçauent bien que cela ſe faiſoit en vn temps où la vie de Meſſieurs de la Ville couroit preſque tous les jours fortune : Qu'ils auoient ſouuent deux ou trois mille perſonnes à leur porte, & qu'ils ſe trouuoient bien-heureux de ce que les Payeurs auoient des Reaux de poids pour donner aux rentiers.

Si Meſſieurs de la Ville euſſent eu moins de prudence, & qu'ils euſſent eſté d'aduis comme l'euſſent ſouhaitté Meſſieurs de la Cour des Monnoyes, que le peuple euſt refuſé les Reaux de poids, *en quelle confuſion la ville de Paris ne fuſt-elle point tombée ?* pour ne point ſortir de l'exclamation de la Remonſtrance. *pag. 22. à la fin.*

Meſſieurs de la Cour des Monnoyes auoient-ils lettres qu'on les euſt garantis du pillage, que la populace qui n'a point de rentes, ſe preparoit de faire ſur ce pretexte du defaut de payer les rentes ? Ces Reaux qu'on prenoit par tout alors ſans aucune difficulté arriuoient laplufpart des Prouinces, d'où on ne les faiſoit venir qu'apres auoir donné des batailles, tantoſt auec les vns, tantoſt auec les autres, afin d'oſter le pretexte de ceux qui ne demandent qu'à peſcher en eauë trouble , & pour faire ceſſer auſſi les plaintes des Rentiers qui ſont en ſi grand nombre dans Paris. Peut-on ignorer tant d'aſſemblées qui ont eſté faites chez Monſieur le Premier Preſident, qui ne s'eſt jamais laſſé d'agir pour cela, parce que ſon eſprit qui penetre par tout, en preuoyoit les conſequences?

Il n'eſt pas poſſible auſſi de ſouſtenir, que les peuples ne doiuent pas le reſpect à monſieur le Preuoſt de Paris, c'eſt à dire à tant de ſi dignes Magiſtrats qui compoſent le Corps du premier & du plus grand Preſidial de France.

De dire qu'il n'en ſoit pas deu non plus aux Iuge & Conſuls ; ceux qui ſçauent leur eſtabliſſement, de quelle façon ils rendent la Iuſtice , & quelles perſonnes on choiſit pour compoſer le Conſulat, trouueront bien eſtrange qu'on ait dit, que les peuples ne leur doiuent pas ſeulement les reſpects.

Si Meſſieurs de la Cour des Monnoyes croyent qu'on leur doiue le reſpect, comme nous n'en doutons point, c'eſt ou à cauſe de leurs perſonnes, ou à cauſe de ce qu'ils ſont conſtituez Iuges en vertu d'Edits du Roy. Si c'eſt à cauſe de leurs perſonnes, nous les prions de croire qu'on n'élit point de gens aux Conſuls , que Meſſieurs de la Cour des Monnoyes refuſaſſent de receuoir dans leur Compagnie , en payant le prix d'vn de leurs Offices, ſi leur inclination les portoit d'y entrer. Et qu'il y en a meſme d'entr'eux qui pourroient bien auoir des Licences qui ſont neceſſaires, pour poſſeder vne de leurs charges de robbe longue , dont il eſt parlé dans l'Edit de la derniere creation de l'an 1635. Que ce ſont de ces Bourgeois, qui ont je ne ſçay quoy de plus ſpecial que citoyen. De ces bons marchands, parmy leſquels on peut dire que s'eſt conſeruée toute entiere ce peu de bonne foy qui reſte dans les affaires du monde. Qui ne ſont pas ſi peu conſiderables, ny ſi peu conſiderez, que des perſonnes auſſi éleuez dans les charges & dans les dignitez du Royaume, que le peuuent eſtre Meſſieurs de la Cour des Monnoyes, ne recherchent ſouuent leurs alliances. Qu'il n'y en ait qui ayent des enfans & des gendres dans les Compagnies ſouueraines : & qu'il n'y ait encore dans le Parlement des Conſeillers, qui ne ſont pas eſtimez des derniers de leur Compagnie, & pour la probité & pour la ſuffiſance, dont les peres ont rendu la Iuſtice dans le Conſulat auec beaucoup d'honneur. En vn mot, ceux qui ont paſſé dans ces charges , ou ceux qui peuuent y pretendre encore aujourd'huy , ſont pour la pluſpart des perſonnes qui éleuent leurs enfans dans le deſſein de les rendre capables de ſeruir vn jour l'Eſtat dans des emplois honorables.

Et quand Monſieur de Lyonne en 1656. paſſa en Eſpagne, deſguiſé en marchand, pour traiter ſecretement de la paix generale, & terminer la plus grande affaire qui fut iamais, il monſtra bien qu'il eſtimoit le perſonnage d'vn marchand pour le moins autant que celuy d'vn Officier des Monnoyes. Il negotia pendant trois mois en cet equipage trois heu-

Dans la Negotiation de M. le Duc de Grand-Mont & M. de Lyonne, imprimée

chez Se-
bastien
Cramoisy.
pag.88.89.
90.

tes par jour, auec le Seigneur Don Louys de Haro, & peut-estre crût-il que dans vne affaire qui dependoit presque toute de la bonne foy de deux grands Roys, il ne pouuoit prendre vn habit plus conuenable, ny qui marquast mieux les cinceres intentions de son Maistre.

Si c'est à cause que Messieurs de la Cour des Monnoyes ont le caractere de Iuges, en vertu des Edits de leurs creations, *que les peuples leur doiuent les respects*, les Iuge & Consuls sont aussi bien qu'eux Iuges establis par nos Rois, en vertu de leurs Edits & de plusieurs Declarations verifiées dans les Parlemens de France, & ont l'honneur que le Roy mesme qui les a establis, leur a donné des noms les plus honorables qu'ils eussent sceu desirer; car sa Majesté appelle luy-mesme dans son Edit de leur creation celuy qui preside à cette iustice, *le Iuge des Marchands*, & les quatre autres Iuges qui l'assistent, *les Consuls desdits Marchands*. Or il n'y a personne qui ne sçache que les premiers de ceux qui commandoient toute la puissance des Romains, estoient appellez Consuls. Et ils ont encore cet auantage pardessus Messieurs de la Cour des Monnoyes, que leur pouuoir s'estend sur beaucoup plus de personnes, que ceux qui sont obligez de respondre pardeuant Messieurs de la Cour des Monnoyes. Et quand on les a voulu troubler dans la fonction de leur Iustice, les Parlemens qui sont sages, & qui ont reconnu la necessité qu'il y auoit qu'il y eust tousjours de ces sortes de Iuges, les ont conser-

uez

uez dans leur pouuoir, par vne infinité d'Arrefts qu'ils ont rendus en faueur de leur Iurifdiction. Ils ont mefme fouuent mulcté d'amandes les parti-culiers qui fe vouloient pouruoir deuant d'autres Iuges, tant parce qu'ils fe difoient priuilegiez, que fous autres differents pretextes, & ont en beaucoup d'occafions encouragez les Iuge & Confuls de con-tinuer à rendre la Iuftice auec la mefme integrité qu'ils l'ont tousjours renduë jufques icy, fans auoir jamais donné fujet de les interdire, ny d'eftablir des Commiffaires pour examiner s'ils auoient bien ren-du la Iuftice, ou non.

Toute la difference que nous auons remarquée entre l'Edit du Roy, qui porte *creation & augmentation d'Officiers en la Cour des Monnoyes, & le reglement de leur pouuoir & Iurifdiction*, d'auec l'Edit du Roy portant *creation & eftabliffement d'vn Iuge & quatre Confuls des Marchands en la ville de Paris*, c'eft que celuy de Mef-fieurs de la Cour des Monnoyes ne charge ny leur honneur ny leur confcience de rien; & qu'il porte que c'eft *pour jouïr des droits, efpices, profits, reuenus & emolumens, franchifes, exemptions, libertez*, &c. Et celuy des Iuge & Confuls au contraire, ordonne, *qu'ils jugeront les differents fommairement & fur le champ, fi faire fe peut*, dont le Roy charge leur honneur & leur confcience, *fa Majefté leur enjoignant de vacquer diligemment en ladite charge durant le temps d'icelle, fans prendre directement ny indirectement en quelque maniere que ce foit aucune chofe, ny prefent ou don, fous couleur ou nom d'efpices, ou autrement, à peine de concuffion.*

Ces fortes de Iuftices populaires ne font pas fi nouuelles que les jurifdictions des Officiers des Monnoyes , puis qu'elles ont efté de tout temps, comme eftoient en l'Empire Romain les Iuftices des Defenfeurs des Citez , où les caufes deuoient eftre vuidées fommairement & fur le champ , fans miniftere d'Aduocat ny de Procureur , & fans appointer les parties à produire ny faire enquefte, auffi-bien qu'en celle de ces Bourgeois Policiers, dont parle l'Ordonnace de 1577. Auffi eft-ce proprement vn fecours mutuel que chaque honnefte homme doit en fon rang à fa patrie, comme à Rome *la charge de juger* eftoit mife entre les redeuances & les fujettions perfonnelles dont chacun eftoit tenu.

Il ne nous a pas femblé que ce que les Iuge & Confuls exercent la Iuftice *gratis* , & que ce qu'ils donnent leur temps par vne pure charité , doiue eftre caufe de ce que Meffieurs de la Cour des Monnoyes les ont mis au rang de ces Iuges, *à qui les peuples ne doiuent pas les refpeéts* : Ce qui nous le perfuade encore dauantage , c'eft que ces Meffieurs ne doiuent pas defirer par leur propre intereft, qu'on n'ait pas refpeét pour les Iuge & Confuls , puifque le Roy leur enjoint luy-mefme , *de donner confeil, aide & confort* à Meffieurs de la Cour des Monnoyes , quand ils en auront befoin , comme il fe void par l'Edit de leur creation.

Mais apres tant de plaintes qu'ils font contre les Iuge & Confuls de quel crime les accufent-ils enfin qui puiffe les auoir obligez de dire , que *s'ils euffent*

Pag. 12. & 13. de l'Edit imprimé chez le fieur Cramoify.

pag. 21.

continué, l'Eſtat eſtoit en vn abyſme de confuſion? Sur les
conteſtations qu'ont eu les parties, les vns de vouloir
bailler en payement les eſpeces au prix courant, les
autres de ne vouloir pas les y receuoir, *ils ont dit aux
parties qu'il falloit s'accommoder.* Que pouuoient-ils faire
de mieux? Ils ne vouloient pas donner des jugemens
contraires aux Declarations du Roy, ny ordonner
non plus que l'on ne prendroit pas les eſpeces au
prix qu'elles s'expoſoient publiquement, de peur
d'échauffer les eſprits du menu peuple, qui ne peut
pas conceuoir le tort que fait ce ſurhauſſement des
monnoyes, & qui ne conſidere que la perte qu'il
s'imagine de faire quand on prend ſa piece d'or ou
d'argent pour quatre ou cinq ſols moins qu'elle ne
s'expoſe.

Si Meſſieurs de la Cour des Monnoyes euſſent
donc eſté dans Athenes, du temps de ces Areopa-
ges qui ne voulant pas juger ceſte grande affaire qui
fut portée à leur Tribunal, & ne voulant point auſſi la laiſſer ſans eſtre jugée, ordonnerent que les parties comparoiſtroient deuant eux dans cent ans pour
leur eſtre fait droit; ils auroient donc bien fait d'autres exclamations, quoy que tout le monde ait tousjours depuis admiré leur ſageſſe, d'en auoir vſé ainſi.

Enfin Meſſieurs de la Cour des Monnoyes ont dit
dans leur Remonſtrance, que *dans les grands Empi-* pag. 4. à la fin.
res les Rois pour ſuppléer à ceſte vertu qui leur manque
d'eſtre par tout, & de voir tout en meſme temps ; ont de-
poſé quelque rayon de leur authorité ſouueraine à plu-
ſieurs Corps de juſtice qu'ils ont eſtablis dans leurs Eſtats,

E ij

desquels ils se seruent comme la teste des yeux , des pieds,
des mains & des autres membres , pour attirer sur leurs
sujets les auantages qu'ils ne peuuent leur donner que par
le ministere de leurs Officiers.

Nous auons pensé que Messieurs de la Cour des
Monnoyes ayant posé ce fondement ils se sont persuadez peut-estre, qu'ils estoient les yeux de ces Empereurs & de ces Rois dont ils ont parlé : ou s'ils ont
crû qu'y ayant des Compagnies qui sont plus en autorité , ils en estoient seulement les mains, il faut
qu'ils auoüent que ces Messieurs les Iuge & Consuls
peuuent bien au moins en estre les pieds , & cela
dautant plus que nos Rois se sont tousjours seruis
de tous ceux qui ont esté dans ces charges pour aller
d'Hospital en Hospital sous l'autorité des suprêmes
Magistrats, qui sont les Protecteurs de tous les Hos-
pitaux & de toutes les Communautez des Pauures
de cette Ville.

Car outre que ceux qu'on eslit dans ces charges
de Consuls donnent si liberalement leur temps
trois jours de la semaine, à rendre la Iustice par vne
pure charité en la maison Consulaire, depuis les huit
heures du matin jusques à midy, & depuis les deux
heures apres-disné jusques à huit heures du soir, ils
employent tout le reste de la semaine à pouruoir aux
necessitez de ces Pauures , auec d'autres Bourgeois
charitables, qui donnent aussi leur temps pour l'honneur de Dieu, allant & venant sans cesse, les vns au
grand Bureau, à l'Hostel-Dieu, au Saint Esprit, à la
Trinité, & les autres à la Pitié, à Scipion, aux Incura-

bles, à la Savonnerie & aux petites Maiſons. Apres quoy ils vont rendre compte de tout ce qui ſe paſſe dans ces Communautez de Pauures, & cela ſans auoir d'autre penſée que de ſeruir Dieu, non plus que ceux qui leur en donnent les ordres.

Il y a encore cette difference entre les Offices de Meſſieurs de la Cour des Monnoyes, & les charges de Meſſieurs les Conſuls, que ſi Meſſieurs de la Cour des Monnoyes ne trouuoient leur compte dans les memoires qu'on leur fait veoir du deſtail des emoluments de ces charges quand ils les veulent achepter, ils ne les prendroient pas : Et les Iuge & Conſuls au contraire n'accepteroient pas vne des places du Conſulat, ny les autres Bourgeois & bons Marchands celles d'Adminiſtrateurs en quelqu'vn des Hoſpitaux ou Communautez de Pauures, s'il y auoit ſeulement vn double de profit.

Apres cela nous auons ſujet d'eſperer que Meſ-ſieurs de la Cour des Monnoyes, n'enuieront pas d'ores-en-auant le reſpect que le peuple rend à Meſ-ſieurs les Iuge & Conſuls, & qu'ils ne trouueront point mauuais non plus, que quelques-vns des Cliens auſquels ils ont donné & leur temps & leur peine, puiſſent au moins ſans mettre la main à la bourſe, leur payer leurs eſpices, leurs droits, leurs emoluments, & leurs profits, ou d'vne reuerence, ou de quelque coup de chapeau.

Nous croyons facilement auſſi que Meſſieurs de la Cour des Monnoyes, ne trouueront plus eſtrange que Meſſieurs du Parlement faſſent aſſembler des

Bourgeois, & de ceux qui font les plus grands negoces aux païs eftrangers, pour auoir leur Aduis fur le
fujet dés Monnoyes. Nous efperons qu'ils en vfe-
ront ainfi eux-mefmes à l'aduenir , & qu'ils efcou-
teront ceux qu'ils ont dit qu'il eft deffendu de confulter , qui leur donneront affeurément des ouuer-
tures qu'ils n'apprendront point dans leurs liures.
Bodin qui eft vn des plus celebres Auteurs qu'ils
puiffent confulter fur le fait des monnoyes , n'a pas
improuué comme ces Meffieurs ont fait, qu'on en
ait ainfi vfé de fon temps. Voicy ce qu'il dit à Mon-
fieur de Marfan Prefident au Parlement de Paris,
dans la lettre qu'il luy addreffe au commencement
de fon Difcours fur le furhauffement & diminution
des Monnoyes d'or & d'argent, pour refpondre aux
Paradoxes du fieur de Mal-eftroit : *Vous fçauez, Mon-*
fieur, les plaintes ordinaires qu'on fait de l'encheriffement
de toutes chofes, les Affemblées qu'on a faites par tous les quar-
tiers de cefte ville pour y donner ordre ; la peine qu'on a prife à
fçauoir d'où procedoit cefte cherté, &c. Apres cet exemple,
il n'ira point de l'honneur de Meffieurs de la Cour
des Monnoyes de faire affembler eux-mefmes leurs
concitoyens pour auoir leur aduis, quand ce ne feroit que pour faire difpofer les peuples à receuoir
leurs reglemens auec plus d'authorité.

F I N.

IL eft permis à Antoine Vitré Imprimeur ordinaire du Roy, & du Clergé de fon
Royaume , d'imprimer *Les Remarques fur la Remonftrance que Meffieurs de la Cour*
des Monnoyes ont faites dans le Confeil du Roy, auec defenfes à tous autres, fur peine
de prifon & de cinq cens liures d'amande. Le 28. Avril 1652. DAVBRAY.